Direction de la publication :
Isabelle Jeuge-Maynart et Ghislaine Stora
Direction éditoriale : Agnès Busière
Responsable d'édition : Bethsabée Blumel
Lecture correction : Nord compo
Mise en page : Nord compo
Couverture : Maeva Lebègue et Eliott Joussain
Fabrication : Geneviève Wittmann

Illustrations : Thinkstock

ISBN 978-2-03-594501-3

Achevé d'imprimer Espagne par Unigraf en Espagne
Dépôt légal : janvier 2018
320391/3-11039293-juillet 2018

PAPIER À BASE DE FIBRES CERTIFIÉES

LAROUSSE s'engage pour l'environnement en réduisant l'empreinte carbone de ses livres. Celle de cet exemplaire est de : 200 g éq. CO_2
Rendez-vous sur www.larousse-durable.fr

LES MINI LAROUSSE

50 phrases pour aider son enfant à surmonter ses colères

Nina Bataille

LAROUSSE

21 rue du Montparnasse 75283 Paris Cedex 06

APAISEZ VOTRE ENFANT

STOPPEZ SA BOUDERIE

TENEZ BON, FIXEZ LES RÈGLES ET FAITES-LES RESPECTER

RÉAGISSEZ FACE À UN ENFANT QUI CRIE, FRAPPE OU MORD

GÉREZ UN ENFANT QUI CHERCHE À INSTAURER UN RAPPORT DE FORCE POUR AVOIR LE DESSUS

AIDEZ VOTRE ENFANT À ALLER DE L'AVANT ET À TROUVER SES PROPRES SOLUTIONS

ANTICIPEZ ! MIEUX VAUT PRÉVENIR QUE GUÉRIR

NE DITES SURTOUT PAS... SOUS PEINE DE METTRE DE L'HUILE SUR LE FEU !

Tu as le droit d'être en colère !

Même si elle est parfois difficile à gérer, la colère de votre enfant est une émotion très utile.

Impatience, irritation, agacement, agressivité, fureur : la colère et toutes ses formes d'expression ont mauvaise réputation. Ces émotions peuvent être désagréables, déstabilisantes et selon notre héritage culturel, elles sont parfois considérées comme un péché !

VOTRE ENFANT A LE DROIT D'ÊTRE FURIEUX !

En réalité, **la colère est une émotion très importante et elle indique ce qui se joue pour votre enfant quand il ne se sent pas bien.** C'est un signal d'alarme, un comportement instinctif de défense vis-à-vis d'agressions extérieures. Elle se déclenche en réaction à ce que l'enfant ne peut supporter. Elle lui permet ainsi de ne pas accepter tout et n'importe quoi, de s'affirmer, d'affiner sa personnalité, ses goûts, de dire : « je ne veux pas », « cela ne me convient pas » ou de défendre « son territoire » (sa chambre, ses jouets, ses affaires, etc.).

La colère peut cependant porter préjudice à votre enfant quand elle devient violente ou incontrôlable : fureur, rage, vengeance ou hystérie. Elle peut aussi devenir blessante ou nuisible.

Pour devenir un adulte stable, il sera très utile à votre enfant d'apprendre à gérer ses emportements :

- savoir les accepter : ils lui donnent une indication sur ce qui ne lui convient pas ou sur ses limites ;
- savoir s'apaiser et éviter l'explosion.

MON CONSEIL

Évitez de dire à votre enfant : « Arrête de faire un caprice, ne t'énerve pas comme ça ! »

C'est contre-productif. Le refus d'une émotion va :

- soit en augmenter l'intensité ;
- soit l'habituer à refouler ses émotions.

Pour apprivoiser vos émotions et celles de votre enfant, suivez un stage :

- latelierdesparents.fr

RÈGLE 2

Je vois que tu es énervé(e)

Qu'est-ce qu'il se passe ?

Prenez l'habitude d'observer votre enfant : il exprime sa colère sans même avoir à parler. Le langage du corps représente ainsi 93 % de notre communication et se répartit ainsi :

- 55 % : nos gestes et comportements ;
- 38 % : le ton et le rythme de notre voix.
- Nos paroles nous permettent d'exprimer seulement 7 % de nos messages.

Quels sont les signes, comportements et réactions qui indiquent que votre enfant est en colère ?

- sa posture corporelle est tendue ;
- ses mâchoires se serrent ;
- son regard est fixe ;
- sa respiration devient ample et rapide ;
- sa voix est sèche et/ou saccadée ;
- ses gestes sont brusques ;
- il semble ruminer ses pensées ;
- il est irritable.

Tu sens que tu vas exploser ?

Et si vous l'aidiez à se familiariser avec ses émotions ?

Décrivez les manifestations physiques de la colère de votre enfant. Dans un premier temps, focalisez-vous sur son visage car les expressions y sont en général faciles à décoder : « Tu cries, tu es très en colère » ; « Ton visage est rouge, tu es fâché ? » ; « Tu fronces les sourcils, j'ai l'impression que tu vas t'énerver » ; « Tu serres les dents, tu sens que tu vas exploser ? »

Apprenez à votre enfant le vocabulaire des émotions et encouragez-le à choisir le mot adéquat. Cela l'aidera à identifier l'intensité de son émotion.

Vous pouvez dessiner un thermomètre de la colère et y indiquer les différents termes de la colère, de la plus petite, à la plus forte : impatient, mécontent, contrarié, dérangé, irrité, énervé, fâché, furieux...

Mettre des mots sur ses émotions, sentir que quelqu'un comprend ce qu'il vit, permettra à votre enfant de s'apaiser.

C'est dur

... et je comprends que cela t'agace.

Acceptez les émotions de votre enfant grâce à l'écoute bienveillante.

DONNEZ LEUR CONFIANCE EN EUX

Vous aurez beau gâter vos enfants, sans écoute, vous ne leur donnerez pas l'essentiel qui fera d'eux des adultes forts et stables, ayant confiance en leur petite voix intérieure que vous avez prise au sérieux et qui a pu s'épanouir quand ils étaient dans votre nid.

Imaginez que vous soyez furieux contre votre chef, que vous le lui manifestiez, et que ce dernier vous réponde en hurlant. Quelle sera votre réaction ?

- fou/folle de rage, vous explosez ;
- abasourdi/e, la réaction de votre patron provoque chez vous un réel état d'inhibition. Incapable de réagir, votre colère risque de se retourner contre vous (grosse fatigue, maladie, etc). Pour votre enfant, c'est la même chose.

VOTRE ENFANT EST AGRESSIF ?

C'est parce qu'il a besoin de se décharger ou de se défouler. Par exemple, votre enfant s'est senti incompris, exclu ou a besoin de défendre ce qui compte pour lui.

Si vous vous mettez à crier ou à le punir, il sera encore plus furieux. S'il ne décharge pas sa colère, il pourrait la retourner contre lui ou se faire volontairement mal (s'arracher les cheveux, se ronger les ongles jusqu'au sang, etc).

Vous ne souhaitez certainement pas que votre enfant se mette dans ces états. Vous aimeriez sans doute qu'il cesse ses colères et ses crises ? Les ignorer ou tenter de les faire cesser par la force risque de les amplifier.

Au contraire, l'écoute bienveillante vous permettra d'apaiser votre enfant car il se sentira compris.

RÈGLE 5

Tu es en colère, je le comprends

... car tu aurais voulu qu'il te prête son jouet ?

L'écoute bienveillante a été développée par différents psychologues, dont Marshall B. Rosenberg. Elle permet d'identifier le déclencheur de la colère de votre enfant et de l'apaiser :

• en développant l'empathie de votre enfant envers lui-même et envers les autres : *J'ai le droit de ressentir une émotion, même négative.*

• En nourrissant sa petite voix intérieure : *Cela m'indique que quelque chose ne va pas du tout pour moi.*

• En lui donnant confiance dans sa capacité à trouver lui-même des solutions : *J'ai réussi à me calmer tout seul, je pourrai le refaire à l'avenir.*

LES QUATRE ÉTAPES DE L'ÉCOUTE BIENVEILLANTE

1. **Acceptez que votre enfant ait le droit de s'emporter** : « Je comprends ce que tu ressens. »
2. **Concentrez-vous sur ses émotions** au lieu de vous focaliser sur ce qu'il dit : que ressent-il, au-delà de ses mots ?
3. **Taisez-vous !** Oubliez votre propre ressenti, pour être au plus proche du sien. Laissez l'enfant aller jusqu'au bout, respectez ses « blancs » pour qu'il puisse suivre le fil de son récit.
4. **Reformulez sans interpréter** : essayez de partager les émotions de votre enfant et mettez des mots dessus pour dédramatiser la situation : « Tu es si en colère que ça ? » ; « Ton problème est que... »

Faites préciser : posez des questions ouvertes pour comprendre ce qui est flou ou incomplet, interrogez-le sur les faits, identifiez les besoins réels.

Dès que votre enfant sent qu'il a « le droit » d'éprouver une émotion, qu'elle qu'elle soit, il est alors capable d'aller de l'avant. Pas forcément tout de suite. Parfois, il lui faudra quelques minutes, quelques heures, quelques jours, mais il pourra réagir au lieu de rester enfermé dans son problème.

Tu es vraiment très fâché(e)

Comment utiliser l'écoute bienveillante ?

Illustration avec un exemple concret. Arthur vient de casser la construction en Lego® de son petit frère Léo en criant « Y en a marre ! »

• **Scénario 1 : sans l'écoute empathique.** La mère d'Arthur arrive en criant : « Qu'est-ce que tu as encore fait ? C'est mal, pourquoi t'acharnes-tu sur Léo ? » Arthur explose : « Tu prends toujours la défense de ce petit imbécile ! » et il court se cacher sous sa couette.

• **Scénario 2 : avec l'écoute empathique.** La mère d'Arthur est très en colère... tous ces Lego® éparpillés par terre... Et Léo qui avait mis tant de cœur et de temps dans cette construction... Elle prend une grande inspiration pour se calmer et s'assoit à côté d'Arthur :

– Arthur, tu es vraiment très en colère ?

- Oui, tu ne t'occupes jamais de moi.
- Tu voudrais plus d'attention de ma part ?
- Ben oui, c'est tellement mieux quand mon frère est chez papi et mami.
- Tu aimerais passer du temps seul avec papa et moi ?
- Ben oui, Léo parle tout le temps et je me fais toujours gronder.

Sa mère laisse un temps de silence pour réfléchir.

- Ce soir, Léo ira se coucher un peu plus tôt car il est plus petit que toi et nous ferons une partie de Puissance 4 ou de Monopoly tous les trois : qu'en-dis-tu ? Arthur se blottit contre sa maman, sa colère et sa tristesse ont disparu.

MON CONSEIL

Apprendre l'écoute bienveillante revient à apprendre une nouvelle langue. Pour obtenir des résultats, il est indispensable de s'entraîner, voire de prendre des cours. Il existe de nombreux stages [http://nvc-europe.org] pour être à l'aise avec cette technique très efficace et améliorer son mode de communication avec son enfant, son conjoint, ses amis, ses collègues...

Est-ce que tu te défends ou est-ce que tu domines les autres ?

Colère défensive ou offensive ?

Selon l'ANC, l'approche neurocognitive et comportementale (www.neucognitivisme.fr), il existe différentes formes de colère : tout dépend de l'endroit où elle s'active dans notre cerveau.

• **Cerveau reptilien : instincts de vie et de survie. Se défendre, fuir.**
Fonction : pérenniser l'espèce face à la perception de risques pour sa survie.
La colère qui s'y active est une forme de lutte face à la peur : une agressivité « défensive ».

• **Cerveau limbique : expériences, émotions et rapports sociaux.**
Fonction : nous permettre de vivre en interaction

avec notre environnement. Il emmagasine dès la naissance les savoirs et forme notre tempérament, nos valeurs et intolérances, nos motivations et blocages.
La colère qui en découle est « offensive » : elle permet de défendre les valeurs auxquelles on tient. L'agressivité peut aussi être liée aux rapports de force : c'est alors une agressivité « offensive » : un besoin de dominer les autres.

- **Cortex préfrontal : savoir s'adapter, être serein, faire preuve d'empathie ou réguler ses émotions.**

Fonction : nous adapter à notre environnement, décider face à des situations inconnues ou complexes. Cette partie du cerveau devient performante à la fin de notre croissance... environ vers 25 ans. Pas étonnant que nos enfants et nos ados aient beaucoup de mal à réguler leurs émotions fortes !

Pour aider votre enfant à prendre du recul sur son comportement, demandez-lui : « Dans cette situation, as-tu besoin de te défendre ou tentes-tu de dominer les autres ? »

Et pour savoir comment aider un enfant qui agresse les autres, référez-vous au chapitre : « Gérez un enfant qui cherche à instaurer un rapport de force pour avoir le dessus »

RÈGLE 8

Sais-tu pourquoi je vais t'aider à te calmer ?

La colère rend « bête »... au sens propre comme au sens figuré !

Faites un peu de pédagogie avec votre enfant : expliquez-lui que la colère fait réagir « bêtement », cela le motivera certainement à appliquer des techniques d'apaisement.

AU SENS PROPRE : QUELS COMPORTEMENTS ?

Lorsque vous êtes en colère, vous ne réagissez pas aussi bien que lorsque vous êtes calme. Ce qui peut vous pousser à dire ou à faire des choses que vous regrettez ensuite. Par exemple : cela vous énerve que votre enfant/ado ait laissé traîner son linge sale dans sa chambre et soit encore en train de jouer aux jeux vidéos... Par-dessus le marché, il vous répond ! Vous sortez de vos gonds et lui prenez sa tablette des mains tout en le traitant de fainéant. Plutôt puérile n'est-ce pas ?

Pour votre enfant, c'est la même chose : quand il est en colère, il n'est plus capable de réfléchir. Selon son âge, il frappe, mord, casse parfois un de ses jouets, son stylo, crie... cette réaction fort peu civilisée ne vous paraît-elle pas plus proche de celle du singe que de celle de l'humain ?

AU SENS FIGURÉ : QUE SE PASSE-T-IL DANS LE CERVEAU ?

La colère active surtout votre cerveau reptilien, qui vous fait réagir de façon archaïque... comme un reptile ou un homme préhistorique !

L'émotion de colère empêche l'accès aux cortex préfrontal qui permet de réguler ses émotions : être serein, prendre du recul, de la hauteur, nuancer ses jugements.

DE LA BIENVEILLANCE

Soyez bienveillant envers vous-même : pour faire face à la colère, et à la frustration de votre enfant, il est indispensable de prendre soin de vous. Vous aurez ainsi suffisamment d'énergie pour accompagner ses moments difficiles.

RÈGLE 9

Viens dans mes bras mon trésor, ça va aller

Réconfort et câlins illimités régulent les émotions et assurent le bon développement du cerveau de votre enfant !

Les câlins, caresses et paroles chaleureuses permettent au cerveau de votre enfant de libérer de l'ocytocine, l'hormone du bien-être. Cela le sécurise et favorise des liens harmonieux avec son entourage.

VERBALISEZ LES EXPÉRIENCES NÉGATIVES. Cela calme l'amygdale, impliquée dans les réactions de peur. Elle sécrète moins de cortisol (hormone du stress), qui en abondance peut être délétère pour les neurones.

Les recherches en neurosciences affectives et sociales permettent d'identifier l'impact des maltraitances émotionnelles et physiques (crier, punir, menacer, mépriser, frapper) : la taille du cortex préfrontal d'adultes maltraités pendant l'enfance est diminuée.

Un enfant qui n'a pas été aidé dans la régulation de ses émotions (avec des paroles et des soins apaisants) cède facilement à la colère et à l'agressivité. Les émotions le submergent, il est confus, agité, a du mal à réagir calmement et efficacement face à une situation.

Par ailleurs, à l'adolescence, les enfants éduqués « à la dure » tendent à devenir insensibles, agressifs, durs et sans empathie. À forte dose, les maltraitances peuvent même entraîner des pathologies d'ordre comportemental et psychiatrique telles que l'anxiété, la dépression, l'agressivité, etc.

MON CONSEIL

Encouragez votre enfant, rassurez-le ! Cela diminue sa sensibilité au stress. Il deviendra alors un adulte moins colérique.

Observe bien Lucas

Qu'est-ce qu'il se passe pour lui ?

Il faut aider les enfants à relativiser et à dédramatiser. Il arrive à tous les enfants de vivre de petites ou de grosses contrariétés. Quelles sont les origines de leur mécontentement ? Comment faire pour s'en débarrasser ?

Voici des suggestions de lecture pour engager la discussion et réfléchir avec votre enfant/ado.

POUR LES MOINS DE 12 ANS

- *Gigi la Girafe et l'orchestre en colère* d'Alberto Benevelli et Loretta Serofilli, Esserci, 2009.
- *La colère du dragon* de Paul Goosens et Thierry Robberecht, Mijade, 2005.
- *Les colères* de Catherine Dolto, Gallimard Jeunesse, 2006.
- *Sam et Watson, plus forts que la colère* de Ghislaine Dulier, p'titGlēnat, 2016.

ATTARDEZ-VOUS SUR CERTAINES PAGES

Cherchez ensemble les signaux corporels qui indiquent l'état émotionnel des personnages (visage rouge, mâchoires et poings fermés). Posez des questions sur les situations qui ont déclenché la colère du héros, sur les conséquences de ses actes et sur la façon dont il a affronté ses problèmes : « **À ton avis, comment se sent-il ? Quel est son problème ?** »

POUR LES ADOS

Aller-retour vers de nouveaux horizons de Julie Mellan et C'Claire. Tour à tour deux ados choisissent de se dépasser pour transformer leurs différends en une relation plus sereine et découvrent des pistes pour apprendre à apprivoiser leurs émotions.

MON CONSEIL

Tout public, le film *Vice Versa* (Pixar) exhume les émotions. Dans la tête de Riley, 11 ans, cinq émotions sont au travail : joie, débordante d'optimisme, veille à ce que Riley soit heureuse. Peur se charge de la sécurité, Colère s'assure que la justice règne et Dégoût empêche Riley de se faire empoisonner la vie. Quant à Tristesse, elle n'est pas très sûre de son rôle...

Je t'écoute, je comprends

L'enfant ou l'ado en colère a fondamentalement besoin de se sentir compris.

Nul besoin d'un grand discours pour lui prouver que vous l'écoutez et que vous le comprenez.
Comment ?
- Être présent, disponible, au moment où votre enfant a besoin de vous.
- Coupez votre portable et autre distraction possible.
- Écoutez-le, sans le juger, sans l'interrompre.
- Vous pouvez montrer votre approbation en le regardant dans les yeux, en hochant la tête, en faisant « hum hum ». Vous lui démontrez ainsi que vous êtes **« avec »** lui. **Vous pouvez même lui dire : « je comprends »**.

Attention : ne dites surtout pas « si je te comprends bien » qui risque d'entraîner la réflexion suivante de la part de votre enfant/ado : « Non, toi tu ne comprends rien ! »

Je m'en occupe

C'est une très bonne manière de lui montrer que vous le prenez en considération.

Vous aviez promis à votre fille de l'emmener au cinéma et pour mille raisons, cela fait quatre fois que vous reportez cette sortie qu'elle attendait avec impatience. Votre fille est en colère, elle se met même à pleurer : « Tu m'avais promis... en fait, tu ne m'emmèneras jamais voir ce film... »

COMMENT FAIRE FACE EFFICACEMENT À CETTE SITUATION ?

- **Accueillez son émotion** : il est normal qu'elle soit déçue et en colère.
- **Expliquez-lui** pourquoi vous avez dû reporter à différentes reprises.
- **Soyez précis, juste et factuel** : entre la grippe que vous avez attrapée, votre charge de travail plus importante que d'habitude et la varicelle de son petit frère, les quinze derniers jours ont été durs !
- **Faites-lui une proposition** : montrez-lui que vous la respectez et que vous allez gérer la situation. « Je réserve tout de suite deux places pour samedi. »

Tu as raison !

Pour arriver à se calmer, un enfant en colère peut avoir besoin que l'on aille « dans son sens ».

La colère est une forme d'agressivité défensive. Votre enfant est hors de lui pour protéger quelque chose et il a besoin qu'on lui donne raison. Par exemple, au retour de l'école, il explose : « C'est injuste, le prof a donné une punition collective mais moi, je n'avais pas ouvert la bouche. »

COMMENT L'AIDER ?

- **Étape 1 :** restez calme, soyez neutre, ne le jugez pas.
- **Étape 2 :** reconnaissez son état : « Je vois que tu es en colère. »
- **Étape 3 :** écoutez ce qu'il a à vous dire, sans l'interrompre.
- **Étape 4 :** laissez des temps de silence pour que votre enfant ait le temps de « descendre en pression ».
- **Étape 5 :** reconnaissez qu'il a ses raisons pour se mettre en colère.

Même si vous n'êtes pas d'accord avec votre enfant (par exemple, vous n'êtes pas étonné/e de la sanction, votre enfant vous ayant expliqué à demi-mots que toute la classe avait chahuté…), **reconnaissez qu'il a le droit de se mettre en colère dans la situation donnée** et dites-le lui : « D'accord, tu as raison d'être en colère, ce n'est pas drôle cette colle qui t'oblige à retourner à l'école mercredi après-midi. »

Votre enfant a fondamentalement besoin que l'on reconnaisse son état. Une fois son émotion acceptée, il pourra s'apaiser.

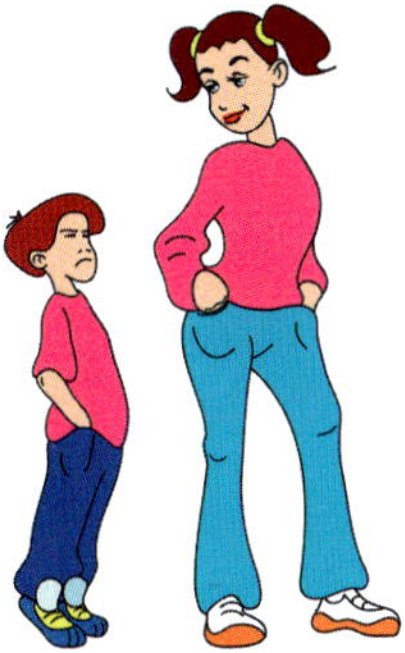

- **Étape 6 :** il sera alors temps d'exposer votre point de vue, de chercher des solutions pour gérer la situation. Par exemple, pourquoi ne pas voir les choses sous un aspect positif : « Après ta « colle », je viendrai de te chercher et nous irons déjeuner ensemble. »

MON CONSEIL

Voici une phrase magique à retenir : pour désamorcer efficacement et instantanément la colère de votre enfant, dites : « **Tu as raison.** »

Ça alors !!!

Jouez avec l'effet de surprise et l'humour.

S'il s'agit d'une petite colère seulement pourquoi ne pas tenter de dédramatiser en apportant un peu de légèreté, en réagissant à contrepied ?

COMMENT ?

Pour dédramatiser une situation, vous pouvez rire ensemble de bon cœur. Vous agirez ainsi comme **un miroir réfléchissant**, pour lui montrer que sa réaction est un peu exagérée !

Votre but ? Lui apprendre à être un peu plus souple, à relativiser et à accepter une situation telle quelle est.

Exemple : au retour de l'école, votre enfant est agacé : sa maîtresse lui a donné six exercices de maths à faire durant son week-end ! Votre réaction : « Ça alors, comment a-t-elle osé faire une chose pareille ? C'est dingue ! »

HUMOUR OU IRONIE ?

Tout en douceur, apprenez-leur la légèreté et l'humour. Vos enfants seront ainsi initiés à l'autodérision, qui leur sera très précieuse dans la vie.

Attention : il ne s'agit pas de faire de l'ironie ou de se moquer : « Voyons c'était pour rire… » Cela peut être blessant, voire humiliant. La raillerie abîme l'estime de votre enfant et risque d'aggraver son hostilité. Ce n'est certainement pas ce que vous souhaitez.

LE SAVIEZ-VOUS ?

Dans certaines cultures, il existe des expressions positives de la colère. Par exemple, chez les Inuits, les querelles s'expriment toujours en public : deux adversaires s'injurient, jusqu'à ce que les rires des spectateurs de cette joute les départagent.

RÈGLE 15

Comment te sens-tu en ce moment ?

Apprenez-lui à méditer pour ne pas qu'il se laisse envahir par sa mauvaise humeur.

On peut comparer notre esprit à un lac ou un océan. Comme dans toutes les pièces d'eau, des orages et des averses peuvent changer la surface en une masse tourbillonnante : un changement d'humeur ou des émotions violentes peuvent surgir à tout moment.

COMMENT AIDER VOTRE ENFANT À GÉRER SES ÉMOTIONS DÉSAGRÉABLES ?

Apprenez-lui à méditer ! Le best-seller d'Eline Snel : *Calme et attentif comme une grenouille* regorge d'exercices pour aider votre enfant à se calmer.

Vos chers trésors découvriront qu'ils n'ont pas à craindre la violence de leurs émotions : elles surgissent, parfois stagnent, mais finissent toujours par passer. En apprenant à les reconnaître, elles leur paraîtront plus acceptables.

EXERCICE POUR SE DÉTENDRE EN FIN DE JOURNÉE

Quand il est fatigué et qu'il a accumulé beaucoup de tension, aidez votre enfant à identifier les sensations du moment présent :

- comment sens-tu ton corps ?
- comment voudrais-tu réagir ?
- peux-tu accueillir cette sensation, comme tu resterais un moment près d'un ami ou de ton animal préféré ?

DOUBLE BÉNÉFICE

1. Ressentir son corps permet de se reconnecter au présent (au lieu de ruminer ce qu'il s'est mal passé dans sa journée ou de se projeter sur tout ce qu'il reste à faire le lendemain : devoirs, contrôles, etc).
2. Faites la part des choses : votre enfant a des émotions mais il N'EST PAS ses émotions. Établir la différence entre les deux lui permettra de prendre un peu de recul.

Ne t'en fais pas, ta colère est là, mais elle n'est que de passage

Quand il est calme, enseignez « la technique de la tortue » à votre enfant.

Il s'agit d'une excellente méthode d'autocontrôle qui permet d'éviter d'arriver jusqu'à la crise.

Elle est très efficace pour contrôler l'hyperactivité chez certains enfants. Vous pouvez la proposer dès 4 ans.

DANS QUEL CONTEXTE ?

- Votre enfant a fait une bêtise ou commis une erreur et il est si énervé contre lui-même qu'il a peur d'exploser.
- Votre enfant est tellement en colère envers un camarade qu'il pourrait se battre avec lui.

« TORTUE ! »

- Invitez votre enfant à imiter la tortue en disant simplement « tortue ».

- **Il imagine alors qu'il est une tortue** qui se retire dans sa carapace : il tend les bras le long de son corps, baisse la tête et ferme les yeux.
- **Il reconnaît qu'il est en colère :** « Ma tête bouillonne, mon cœur bat vite, mes mâchoires et mes poings sont serrés, c'est parce que je ressens de la colère. »
- **Il se souvient que sa colère est là,** mais qu'elle va partir : elle n'est que de passage.
- **Il respire alors le plus profondément possible** en prenant de grandes inspirations et de larges expirations. Petit à petit, il se détendra et se relâchera, un peu comme une grosse peluche qui tomberait à terre.
- **Il est maintenant plus calme** et peut repenser à la situation de façon plus constructive : « Je ne l'ai pas fait exprès », « Mon copain m'a dit ça parce qu'il était énervé », « Je suis capable de trouver une solution », etc.
- **Quand il se sent prêt, calme,** il peut sortir de sa carapace.
- **Il cherche alors des solutions,** seul ou avec vous, et choisit celle qui lui convient le mieux.
- Il applique sa solution **et se félicite d'avoir réussi à se contrôler.**

RÈGLE 17

Tu es déçu(e)
Tu veux un câlin ?

Faites la part des choses : évitez de vous attacher aux symptômes pour vous concentrer sur la véritable source du problème.

Ça ne vous semble pas si grave, mais pour elle, c'est un coup dur… Elle n'a pas été invitée à l'anniversaire de Léa, qu'elle apprécie pourtant beaucoup. Toutes ses copines seront de la fête… Elle s'est contenue toute la journée pour ne pas montrer sa frustration, mais arrivée à la maison, elle explose…

DÉCODAGE :
C'EST « L'EFFET BOULE DE NEIGE ».

Un réflexe qui existe chez tous les mammifères : pour se protéger, mieux vaut éviter d'exprimer sa détresse en milieu étranger. Les enfants accumulent des tensions toute la journée (déceptions, frustrations diverses, fatigue, disputes avec d'autres enfants, etc.) et ne s'autorisent à décharger leur stress ou leur tristesse qu'en présence de ceux qui les aiment inconditionnellement : parents, frères, sœurs, etc. Généralement, cela se traduit par des pleurs ou des crises au sujet de choses qui semblent anodines. En réalité, ce ne sont que des prétextes pour exprimer un trop plein émotionnel. **Tant que votre enfant est amère, il risque de le faire payer aux autres...**

VOTRE ENFANT EXPLOSE SANS RAISON APPARENTE ?

Ne le grondez pas. Réagissez plutôt avec douceur et compréhension :

Permettez-lui de se « décharger », de « décompresser ».
- Montrez votre disponibilité.
- Pratiquez l'écoute empathique.
- Cherchez la véritable source de son problème : « Tu es déçue de ne pas avoir été invitée ? »
- Si nécessaire, serrez-le dans vos bras.

PERSÉVÉRANCE = RÉCOMPENSE !

Appliquez cette technique deux ou trois fois avec succès et vos enfants **prendront l'habitude de venir vous parler pour se décharger d'un problème trop lourd au lieu de se défouler sur les autres.**

Dès que tu seras prêt/e à me parler...

...viens me voir, je serai disponible pour toi.

Comment garder le lien avec votre enfant, même quand il est en colère ou qu'il boude ?

« Puisque c'est ça, je reste dans ma chambre ! » Manifestement, votre enfant est vexé : il boude, il est fermé à toute communication, il ne veut pas venir dîner.

COMMENT RÉAGIR ?

En général, votre enfant/ado aura du mal à sortir tout seul de sa bouderie. Il a besoin de se sentir aimé et soutenu pour y arriver.

1. Dites-lui calmement : « Tu es important pour moi, je t'aime et j'aimerais t'aider. Je vois que ce n'est pas le moment. Je suis dans le salon, disponible pour toi. Dès que tu seras prêt/e à me parler, viens me voir. »

2. **Laissez-lui quelques instants pour reprendre ses esprits. Ayez confiance en lui :** il viendra en ayant les idées plus claires et l'intention de trouver une solution avec vous.

3. **À ce moment, asseyez-vous avec lui et écoutez-le. Ne le jugez pas, ne l'accusez pas.** Guidez-le pour qu'il exprime ses émotions (il s'en libérera ainsi) et le besoin qui s'y cache.

Puis, invitez-le à formuler une demande précise, à dire ce qu'il voudrait.

À ÉVITER

• Même si vous êtes excédé/e, que vous pensez qu'il faudrait qu'il se secoue un peu, ne haussez surtout pas le ton. Cela ne ferait qu'empirer les choses : votre enfant risquerait de se replier sur lui-même et se sentirait encore plus misérable.

• Rien de sert de culpabiliser. Ne vous pliez pas en quatre pour qu'il arrête de bouder : par exemple, en allant lui acheter son magazine préféré ou un petit jouet. Votre enfant risque de bouder régulièrement pour obtenir ce qu'il veut.

Qu'en pense Nestor le castor ?

Utilisez un objet transitionnel pour permettre à votre enfant d'exprimer sa frustration.

Comment reprendre contact avec un enfant « enfermé » dans sa colère, qui ne sait vraiment plus comment s'en sortir ? **Le doudou, objet transitionnel par excellence, vous sera très utile pour apaiser votre enfant.** Qui mieux que lui peut parfaitement comprendre ce qui se joue pour votre enfant ?

COMMENT L'UTILISER ? VOUS ALLEZ LE FAIRE PARLER BIEN SÛR !

Le jeu est une façon simple et efficace d'entrer dans l'univers de votre enfant.

Vous imaginerez un dialogue interactif et, tout à coup, il deviendra plus facile d'échanger avec votre enfant !

NESTOR LE CASTOR DIRA TOUT CE QUI LUI PASSE PAR LA TÊTE… À VOTRE PLACE !

« Je vois que petit Pierre est très contrarié… Il aurait bien voulu regarder un autre dessin animé, mais sa maman en a décidé autrement. Que les grandes personnes sont agaçantes, avec leurs règles et leurs ordres ! Ce serait tellement bien de pouvoir regarder la télé autant qu'on veut, petit Pierre et moi ! Et si on pouvait aussi manger des biscuits devant les dessins animés, ce serait tout simplement parfait.

Oui, mais alors on aurait plus faim pour le dîner… Alors que ce soir, il a y nos pâtes préférées avec du jambon…

Petit Pierre a l'air quand même très contrarié… et si je lui faisais un petit bisou ? Dis petit Pierre, tu veux bien que je te fasse une petite caresse sur la joue avec ma grosse patte ? »

Faites durer l'histoire aussi longtemps que nécessaire. Au fil du récit, votre enfant s'apaisera et vous pourrez renouer le contact avec lui. Merci Nestor le castor d'avoir dédramatisé ce conflit !

RÈGLE 20

Ce soir, tu pourras marcher pieds nus

Moins de 5 ans ? Soyez ferme tout en les amenant à se projeter dans l'avenir, vous limiterez ainsi leur frustration.

EXEMPLE

« Tu es vraiment déçu : il pleut et tu ne peux pas allez jouer dehors avec ton nouveau ballon ?

Que dirais-tu d'une bonne séance de chatouilles ? Il fera beau demain : nous irons jouer au ballon tous les deux, d'accord ? »

Mattéo, 2 ans, commence à être plus autonome et à exprimer ses volontés et ses désirs : cela entraîne de nombreuses confrontations avec les adultes de son entourage.

Deux ans, c'est une période difficile, car l'enfant doit apprendre à connaître ses propres limites et celles des autres. Quand vous lui refusez une demande, expliquez-lui pourquoi vous ne voulez pas. S'il est fâché ou triste, il est important qu'il sente que vous êtes là pour lui. Dites-lui que, malgré votre refus, vous comprenez sa colère. **« Je comprends que tu ne sois pas d'accord, mais ce n'est pas toi qui décides.** Je vais au bureau et je ne veux pas être en retard, mets tes chaussures. »

Amenez-le à se projeter dans l'avenir : **« Ce soir, tu pourras marcher pieds nus. »**

Avant 5 ans, votre enfant teste très souvent vos limites pour comprendre jusqu'où il peut aller. C'est ainsi qu'il apprendra à vivre en société. Et pour cela, il a besoin d'intégrer qu'il ne peut pas toujours avoir ce qu'il désire.

À RETENIR

Céder à la demande de votre enfant peut être tentant pour le calmer temporairement… mais vous risquez d'en faire un enfant-roi, qui ne supporte pas qu'on lui refuse quoi que ce soit.

Je comprends que tu ne sois pas d'accord

Mais ce n'est pas toi qui décides.

Quel est l'art et la manière de poser des limites ? Répondez aux besoins de votre enfant, mais pas à tous ses désirs.

En ce moment, Élina, 9 ans, est insolente. On dirait qu'elle n'a qu'un but : tester vos limites et vous provoquer. À force, le climat n'est pas très serein à la maison. Elle se fait gronder, punir… Vous voulez bien faire preuve de patience, mais parfois c'est trop.

En fait, elle se détache peu à peu de vous. Elle réalise qu'elle a une pensée différente de la vôtre et cherche à affirmer sa personnalité.

- **Soyez ferme : c'est vous l'adulte**, c'est vous qui décidez. Rappelez-le lui.
- **Si elle continue à transgresser les règles, appliquez les conséquences que vous aurez définies en amon**t et pour lesquelles elle sera prévenue : « Si

tu joues à l'ordinateur trente minutes de plus que prévu, tu joueras 30 minutes de moins demain. »

Avez-vous des difficultés pour mettre des limites à votre enfant ?

Souvenez-vous qu'il est **plus facile d'appliquer les conséquences énoncées en amont que d'avoir à recadrer un enfant à qui on n'a pas assez mis de limites.**

À RETENIR

Si vous cédez souvent aux crises de votre enfant, il apprend que c'est ce qu'il doit faire pour obtenir ce qu'il souhaite.

RÈGLE 22

Pas de gros mots dans notre famille !

Pas de provocations sans réagir.

« Dégueulasse, chiant, crétin... » Vous n'êtes pas sourde, Théo s'est énervé et se montre passablement grossier ! Répétez très calmement les règles, en regardant votre enfant dans les yeux : « Dans notre famille, pas de gros mots ni d'insultes. » Il convient également de rappeler que les mots ont un sens et qu'ils ne doivent pas être utilisés à tort et à travers.

POURQUOI ?

Bien souvent, les enfants ne comprennent pas le sens des gros mots qu'ils utilisent. **Dès 5 ou 6 ans, ils sont toutefois capables de comprendre qu'un gros mot peut blesser inutilement.** Les insultes ne sont pas une solution. Elles génèrent des réactions d'hostilité, un climat d'insécurité et de haine. Elles mènent toujours à la surenchère, à plus de peine. Et quand les mots ne suffisent pas, les actes prennent le relais...

• **Expliquez-leur le sens des mots.** Pourquoi ne faut-il pas dire de gros mots ? Qu'est-ce qu'un gros mot ? Quelles sont les conséquences des insultes ? C'est plutôt bête et méchant et cela « abîme » autant celui qui les prononce que celui qui les reçoit. En effet, si cela défoule, on sait bien au fond de nous-mêmes que les insultes sont l'expression d'une souffrance.

• **Entraînez-les à exprimer sainement leurs ressentiments.**

L'enfant lance « Ça me fait ch… . » Reprenez-le en lui demandant de s'exprimer poliment. Votre enfant trouvera très facilement une phrase plus adéquate !

L'exemplarité entraîne la crédibilité ! Il n'y a pas de « petits » jurons : interdisez-vous de prononcer des gros mots et autres insultes devant vos enfants.

Pensez-y la prochaine fois que vous serez énervé/e contre un automobiliste peu respectueux !

RÈGLE 23

Je ne suis pas disponible...

Peux-tu revenir dans cinq minutes ?

Vous pouvez parfois ne pas être disponible pour écouter votre enfant, alors qu'il est en colère.

Par exemple, vous êtes vous-même énervé/e ou absorbé/e par une tâche qui demande une grande concentration (votre comptabilité, par exemple) ou bien vous êtes très fatigué/e.

• **N'hésitez pas à le dire** à votre enfant : « Je suis fatigué/e, je me repose un peu. Je serai disponible tout à l'heure pour t'écouter. »

• **N'oubliez pas d'aller le retrouver dès que vous êtes prêt/e à discuter**, pour lui montrer que, même si vous ne pouvez pas toujours être à sa disposition, vous n'oubliez pas de lui donner votre attention.

UTILISEZ LE « JE » ET LE « MOI »

Pourquoi éviter le « tu » ? Ce pronom est souvent accusateur. Votre enfant risque de se sentir dévalorisé, voire agressé et la situation peut dégénérer.

Le « je » ou le « moi » permettent à votre enfant de sentir que vous lui faites confiance : il est capable de comprendre ce que vous ressentez. Les enfants aiment qu'on les prenne au sérieux. Vous instaurez ainsi un vrai climat d'écoute mutuelle.

À ÉVITER : L'ACCUSER DE VOTRE FATIGUE

« Tu ne peux pas me laisser un peu tranquille ? Tu es vraiment agaçant. »

Dites-lui plutôt sincèrement : « Je suis fatigué/e, je me repose un peu et je serai prête pour t'écouter dans un moment. »

À ÉVITER : L'ACCUSER DE VOTRE STRESS

« Tu es insupportable de me sauter dessus avec toutes tes questions dès que je rentre du travail. »

Dites-lui plutôt sincèrement : « J'ai eu une dure journée et j'ai besoin d'un petit moment pour me détendre. Je reviens vers toi dans quelques minutes. »

RÈGLE 24

Je te parle avec respect

...et j'attends la même chose en retour.

- « Donne-moi mes affaires de sport tout de suite ! »
- « Tu ne comprends jamais rien. »
- « Ouais, c'est bon, pas la peine de radoter. »

Vous avez déjà entendu l'une de ces phrases ? Ne laissez pas passer. Les enfants et les ados comprennent très bien la notion de respect mutuel : **« Pardon ? Je te parle avec respect et j'attends exactement la même chose en retour. Merci de reformuler ta phrase. »** Votre enfant a tendance à trouver que vous êtes « vieux » ? Que vous ne comprenez pas l'importance d'avoir un smartphone dernier cri dès l'entrée en 6e ?

La base d'une bonne relation entre enfants et parents est le respect mutuel. Vos enfants ne sont pas vous et ont le droit d'avoir leurs propres idées et de faire leurs propres choix. Soyez tolérant.

Cela étant dit, reprenez-les quand leur manière de défendre leurs idées est irrespectueuse : ils doivent aussi respecter les choix de leurs parents.

Aujourd'hui, c'est oui

Demain, ce sera peut-être non.

Un enfant averti en vaut deux ! **Si vous avez donné votre accord de manière exceptionnelle, dites-le lui. Les règles seront ainsi très claires :**

- « Aujourd'hui, je suis d'accord pour que tu regardes un film et que tu te couches plus tard, mais ce ne sera pas forcément ainsi tous les samedis. »
- « Aujourd'hui, je suis d'accord pour que tu ailles faire quelques courses au centre commercial avec tes ami/es, mais ce ne sera pas toujours le cas. Nous verrons au fur et à mesure, en fonction de ton argent de poche et de tes devoirs. »

De la même manière, s'il vous arrive de ne pas donner votre accord de manière exceptionnelle (alors que l'enfant a l'habitude que vous lui disiez oui), expliquez vos raisons et ne revenez pas dessus. C'est vous l'adulte.

RÈGLE 26

Tu es vraiment très en colère

Faire face à un enfant furieux, en rage.

Il hurle, claque les portes, jette des objets par terre, agresse les autres ? L'intensité de sa colère est maximale ? Attention danger ! Il a perdu la maîtrise de lui-même !

QUE FAIRE ?

• **Gardez « physiquement » vos distances,** ne vous approchez pas trop de lui, sous peine de rentrer dans son « périmètre » et d'augmenter sa rage.
• **Soyez simple, direct et factuel.** Restez calme et ralentissez le ton et le rythme de votre voix. Parlez très lentement, calmement, doucement.
• **Reconnaissez son état en disant de façon factuelle :** « Tu es vraiment très en colère. »

Cela engagera la discussion et lui permettra de poser des mots sur ce qu'il ressent : « Oui, je suis en colère, parce que… »

• **Relancez-le,** faites-le parler en poursuivant : « Et tu aurais voulu que… »

EXEMPLE

Zoé n'a pas eu le rôle qu'elle souhaitait dans le spectacle de fin d'année. C'est cette peste de Julie (qui l'a passablement agacée toute l'année) qui sera l'héroïne. Zoé est folle de rage, elle jette ses jouets par terre dans sa chambre.

- Tu es furieuse. Tu aurais vraiment voulu décrocher ce rôle ?
- Oui ! Et c'est Julie qui me l'a volé.
- Tu penses que Julie t'a volé ta place… (Laissez un moment de silence pour que votre fille ait le temps de redescendre en pression et puisse avancer dans sa réflexion.
- Oui, et en plus, elle donnera la réplique à Mathis.
- Tu aurais vraiment voulu jouer cette pièce avec Mathis ?
- Oui !

Zoé se sent comprise : sa colère et sa tristesse s'atténueront progressivement.

STOP !

Un véritable mot magique pour affronter un comportement inapproprié !

STOP À LA PLACE DE NON

NON induit une notion d'opposition. Un enfant en colère a beaucoup de mal à supporter qu'on s'oppose à lui.

La contestation :

- augmentera son niveau d'exaspération ou lui donnera envie de rentrer dans un rapport de force pour défendre ses positions ;
- peut aussi le culpabiliser, selon son caractère.

AVEC STOP, PAS DE HONTE, NI D'AFFRONTEMENT.

Ce petit mot présente l'avantage d'arrêter l'enfant dans son élan, de stopper son action. Pensez-y la prochaine fois qu'il vous demandera dix fois s'il peut regarder la télévision ou jouer à la console, alors qu'il est temps de passer à table.

On est bien d'accord ?

Favorisez la coopération avec votre enfant.

Il s'agit d'un accusé de réception pour inviter son enfant à s'impliquer et à tenir ses engagements.

Comment s'y prendre ?

- Parent et enfant se réunissent pour chercher des solutions ensemble.
- Chacun peut s'exprimer et proposer une solution qui lui semble optimale.
- Ni jugement, ni critique : toutes les propositions sont bienvenues, sachant qu'une seule sera retenue à la fin, qui sera la meilleure dans le contexte donné.

La phrase « On est bien d'accord ? » vérifie que chacun ACCEPTE la solution retenue.

L'enfant devient le garant de la bonne mise en place de la solution choisie. Il se sent personnellement tenu d'appliquer la décision.

Il est important que votre enfant vous regarde les yeux dans les yeux et affirme « qu'il est bien d'accord », sinon, il ne se sentira pas concerné. L'implication et la posture de l'enfant sont primordiales : s'il marmonne « d'accord » rapidement, c'est qu'il ne s'est pas engagé à appliquer la solution.

C'est non, et c'est toujours non

Votre enfant est très souvent en opposition ? Il cherche peut-être à rentrer dans un rapport de force dans le but d'avoir le dessus.

L'agressivité peut prendre des formes défensives ou offensives.

VOICI QUELQUES EXEMPLES

- **Culotté ?** Il prend beaucoup de place, on dirait qu'il est en terrain conquis. Il se permet ce qu'il veut.
- **Arrogant ?** Il prend des airs supérieurs ? Il considère qu'il a plus de droits que les autres et peu de devoirs.
- **Ses apprentissages scolaires passent au second plan ?** Il résiste aux règles, se met dans un rapport de force. Ses professeurs le punissent ou vous convoquent, mais cela n'a aucun effet sur son comportement : il semble s'en moquer. Il s'arrange pour en faire le moins possible : l'effort le fatigue, ce n'est vraiment pas pour lui !

• **Un peu manipulateur ?** Il négocie, ment, est impertinent, prend parfois des airs de « fausse victime ».

Si vous reconnaissez votre enfant dans ces descriptions, c'est qu'il est peut-être un peu « dominant » (selon l'approche neurocognitive et comportementale).

Il se comporte ainsi de façon inconsciente. Il n'est pas volontairement culotté, paresseux ou manipulateur. Instinctivement, il a confiance en lui et se voit comme « un peu supérieur aux autres ». Pour lui, il est tout à fait normal d'avoir plus de droits que de devoirs envers ses camarades, professeurs ou parents. **Soyez ferme tout en évitant de le juger, de lui « coller une étiquette ».**

COMMENT GÉRER VOTRE QUOTIDIEN

• **Rappelez-lui les règles, calmement et fermement : « C'est non et c'est toujours non. »**

• **Évitez d'argumenter.** C'est le carburant de l'opposition. Moins vous argumenterez, moins il s'opposera.

• **Évitez de donner de l'attention au comportement négatif.** L'enfant obtient alors ce qu'il veut. Dans la mesure du possible, appliquez l'ignorance intentionnelle.

À ta place, je ne le ferais pas

(Mais fais comme tu veux.)

Face à un enfant furieux qui cherche à prendre le contrôle de la situation, cette phrase vous changera la vie !

• **Bonne nouvelle :** les enfants à caractère un peu « dominant » ont une belle confiance en eux et se remettent vite de leurs échecs.

• **Mauvaise nouvelle** : ils apprennent difficilement de leurs erreurs et cela sera votre rôle de les accompagner.

• **Et si vous testiez une posture subtile et très efficace :** le dissuader tout en lui laissant le contrôle de la situation, en donnant l'impression que c'est lui qui décide ?

EXEMPLE

Il ne veut pas préparer ses affaires dans son cartable ? Il ne veut pas mettre la table ? Dites très calmement et très fermement :

« À ta place, je le ferais immédiatement. » Et n'ajoutez rien. Voyez ce qu'il se passe. Avec les plus jeunes ou lorsque c'est la première fois que vous utilisez cette phrase, c'est magique ! Même s'ils ne sont pas contents, ils feront ce que vous avez demandé.

Puis, il arrive qu'après avoir utilisé plusieurs fois cette technique, la fameuse réplique arrive :

– « Ah oui, et qu'est ce qu'il va se passer si je ne le fais pas ? »

Dans ce cas, mieux vaut avoir anticipé une réponse aux conséquences agaçantes ou embêtantes si votre enfant n'obéit pas.

– « Et bien si tu ne mets pas la table, je ne sers pas le dîner. C'est toi qui vois. »

MON CONSEIL

Surtout, restez le plus calme possible. Dites-vous bien que si vous vous énervez, vous avez « perdu ». Inconsciemment, les personnes un peu « dominantes » savent très bien que quelqu'un qui s'énerve n'est plus en pleine capacité de gérer intelligemment une situation.

Vas-y !

Ne fais rien !

Découvrez les vertus de la communication paradoxale et arrêtez de refaire ce qui ne fonctionne pas ! Se faire obéir par un enfant ou un ado en colère n'est jamais chose facile !

Si vous espérez secrètement changer votre enfant, c'est totalement vain. Même si on le veut, on ne peut pas changer l'autre, c'est impossible… Mais il est possible d'agir ! Si vous avez une attitude différente avec votre enfant, il aura lui-même une nouvelle conduite.

Quand vous êtes tendu, vous vous sentez démuni/e et rentrez dans un rapport de force qui vous conduit dans un schéma répétitif où vous redites ce que vous avez dit mille fois et qui n'a jamais fonctionné. Il est temps de changer votre façon de faire !

ILLUSTRATION

Votre ado rentre du collège, très agacé :

– « Ras le bol, trop de boulot, j'ai le seum *(je déprime en langage « ado » !)*, pas envie de travailler, je préfère jouer aux jeux vidéo. »

Répondez-lui alors de façon très détachée et très calme *(mais sans vous moquer : attention, tout se joue dans votre intonation)* :
– « Tu as entièrement raison. C'est ta vie. Vas-y, ne fais rien, pas besoin de ton brevet, ça ne te servira à rien ! »

DÉCODAGE

C'est comme si vous lui disiez : « C'est ta vie, moi, je ne vais pas stresser pour toi. »

Vous allez voir, il va s'y mettre. Il ne sautera sans doute pas de joie, mais il comprendra que vous ne cherchez pas à le contrôler, plutôt à le responsabiliser.

Par ailleurs, en prenant le contrepied du comportement que vous auriez habituellement, vous le déstabilisez. Or, l'effet de surprise est excellent car il déclenche la curiosité. Cela met votre ado dans de bonnes dispositions pour changer d'avis.

MON CONSEIL

Changement de façon de faire = changement de conduite de votre enfant.
Ce n'est pas votre enfant qui vous stresse, c'est ce que vous pensez de lui !

Tu peux choisir de rester dans cet état

Mais comment vas-tu faire pour avancer ?

En tant que parent, votre rôle est d'aider votre enfant à trouver ses propres solutions. C'est pourquoi vous allez l'entraîner à identifier tous les moyens dont il dispose.

« Qu'est-ce que tu vas faire, qui ne dépend que de toi, pour avoir le plus de chances possible d'obtenir ce que tu veux ? »

Le principe est de respecter totalement son enfant et d'avoir une grande confiance en lui : il est capable de trouver ses solutions par lui-même, pourvu qu'on ne le bride pas. Au contraire, il doit se sentir complètement libre de s'exprimer.

Invitez votre enfant à réfléchir. S'il refuse de coopérer dites-lui : « D'après toi, que va te coûter ton refus de trouver une solution ? »

Qu'est-ce qu'il te manque ?

Guidez-le pour qu'il trouve ce qui lui fait défaut.

Faites-lui établir la liste des moyens qu'il peut utiliser, sans lui suggérer les vôtres, du moins dans un premier temps.

– « Tu es énervé car tu as eu une mauvaise note en maths. Tu es capable de faire mieux. Alors, que vas-tu faire pour te donner les moyens de progresser ?

– **Qu'est-ce qu'il te manque ?**

– **Comment vas-tu faire maintenant ?** »

Il ne mettra sans doute pas tout en place, et ce n'est pas ce qui compte. L'important est :

- de lui prouver qu'il a beaucoup de possibilités à sa disposition. C'est rassurant et cela le détend ;
- de lui donner confiance en sa capacité à trouver ses propres solutions. C'est donc une étape clé vers l'autonomie et la responsabilisation.

Parfois, il arrive que l'enfant ne trouve pas d'issue par lui-même. C'est seulement à ce moment-là que vous pourrez lui faire vos suggestions.

RÈGLE 34

Comment pourrais-tu demander autrement ?

Entraînez-le à chercher des solutions alternatives au lieu de camper sur ses positions.

– Émilie : Ça va, c'est bon, j'suis pas débile !
– Parent : Ne me parle pas comme ça !

Nous avons tendance à formuler les choses de façon négative et nous obtenons l'inverse de ce que nous voulons ! **Au lieu de répondre : « Ne dis pas ça », dites ce que vous souhaitez obtenir !** « Peux-tu penser à une autre façon de répondre ? » Sous-entendu, plus respectueuse.

Autre variante :

– Plus que trois gâteaux ! Je prends tout !
– Non, je ne suis pas d'accord : ta sœur n'en a pas eu. Peux-tu trouver une solution qui conviendrait à tous ? »

Bravo !

Tu as progressé !

Encouragez-le ! Renforcez un comportement positif et nourrissez sa confiance en lui. Félicitez votre enfant quand il arrive à rester calme dans une situation qui aurait pu dégénérer.

« J'aime bien quand tu… » ou « J'ai bien aimé quand tu as… ». Commencer sa phrase par « J'ai bien aimé », fait du bien à celui qui l'entend. C'est une phrase très puissante qui nourrit son estime.

Exemples de compliments quand votre enfant est resté calme, alors que d'habitude la situation aurait pu le faire exploser.

Pour renforcer un comportement :

- « J'aime bien quand tu te laves les mains tout seul en rentrant de l'école. »
- « J'aime bien quand tu débarrasses ton assiette sans que je te le demande. »

Pour renforcer l'estime de soi :

- « J'ai bien aimé quand tu as dis fermement à ton frère de ne plus emprunter ton pull sans te demander la permission : tu t'es très bien contrôlé. »

RÈGLE 36

Tu es un véritable modèle pour ta sœur…

…peux-tu lui montrer comment faire ?

Situation : la petite sœur de Paul aimerait bien faire un peu de trottinette, comme lui. Paul ne l'entend pas de cette oreille ! C'est SA trottinette ! **« Hors de question que je lui prête ma trottinette ! »** Il donne même un coup de pied à Louna…

Son père accourt en criant : « Tu te calmes immédiatement ! Si tu frappes encore une fois ta sœur, je te punis. »

Pourquoi la parole paternelle va-t-elle s'avérer inefficace ? Parce que le père ordonne à Paul de faire quelque chose dont il n'est pas capable, en criant !

Quel exemple donne-t-il ? Il agresse verbalement son fils, ce qui l'empêche de se calmer... L'émotion est contagieuse : l'agressivité entraîne l'agressivité.

À FAIRE

1. **S'occuper de l'agressée d'abord** en lui demandant comment elle va. On a tendance à faire l'inverse. Or, c'est la « victime » qui a besoin d'attention en premier.
2. S'occuper de l'agresseur :
- **Rappeler les règles :** pas de coups, ni d'insultes.
- **Prendre l'enfant doucement par le bras** pour lui demander ce qui ne va pas : empathie, contact, verbalisation.
- **Valoriser l'aîné.** Plus il se sentira grand, plus il aura envie de coopérer et de montrer l'exemple.
- **Se mettre à son niveau et lui dire :** « Tu es un véritable modèle pour ta petite sœur. Elle t'admire beaucoup, tu sais. Peux-tu lui montrer comment tu arrives à faire de la trottinette, juste deux minutes ? »

À RETENIR

Ne culpabilisez surtout pas l'un de vos enfants par rapport à l'autre. Cela renforcerait les jalousies entre frère et sœur.

C'est vraiment dangereux...

...de traverser la rue alors que le feu est rouge.

Comment rattraper une parole « malheureuse » qui vous a échappé... ?

Zut, vous étiez fatigué/e et vous avez dit : « Tu es vraiment stupide ! » ou bien « Qu'est-ce que tu es maladroit ! » Nous sommes bien d'accord, il faut éviter au maximum ce genre de phrase très blessante qui, répétée, nuit à l'estime de soi de votre enfant.

Inutile de culpabiliser, on peut toujours atténuer son propos en ajoutant « ... quand tu fais cela. » Exemples :

- « Tu es vraiment stupide... quand tu traverses la rue alors que le feu est rouge. »
- « Tu es maladroit... quand tu fais tomber le pot de sauce tomate sur la table. »

À vous de jouer ! Réfléchissez à la dernière fois où vous avez dit ce genre de phrase à votre enfant. Comment auriez-vous pu l'atténuer ?

Qu'est-ce qui t'agace le plus dans cette situation ?

Aidez votre enfant à dépasser ses crises pour lui permettre d'aller de l'avant.

- Qu'est-ce qui t'énerve **le plus** dans le comportement de ton copain ?
- Qu'est-ce qui t'a **le plus** pesé lors de cette mauvaise journée que tu as passée ?
- Qu'aimerais-tu **le plus** obtenir dans cette situation ?

Message clé : gagnez en temps et en efficacité. Quand vous cherchez à aider votre enfant, il est possible que ce dernier ne sache pas faire la part des choses entre ce qui est important et ce qui ne l'est pas pour résoudre son problème.

« **Le plus** » est un mot magique pour l'aider à aller droit au but et lui éviter de s'éparpiller dans de nombreuses explications, parfois inutiles.

RÈGLE 39

Même quand tu fais une erreur…

…tu es quelqu'un de bien.

Aidez-le à reconnaître ses erreurs et à comprendre pourquoi il s'est trompé. Votre enfant est furieux : il avait tant travaillé sur cet exposé ! Mais il a obtenu un 8/20, sa maîtresse ayant jugé qu'il était hors sujet.

LE DROIT À L'ERREUR

Nous vivons dans une société où la culture de l'erreur n'est pas développée : nos enfants doivent tout réussir du premier coup et ceux qui ne réussissent pas sont un peu des « loosers ». L'échec devient une erreur que l'on vit mal et entraîne une grosse pression sur nos enfants. Or, une personne qui n'a jamais échoué, n'a jamais rien appris !

Si votre enfant s'est trompé s'il a commis une grosse bêtise, il est très important qu'il sente qu'il a « une autre chance » pour nourrir sa confiance en lui et apprendre ainsi à rebondir.

VOICI COMMENT VOUS POUVEZ L'AIDER

- **« Très bien, tu as fait une erreur, mais** tu n'es pas ton comportement, tu restes une bonne personne. »
- **Aidez-le ensuite à comprendre pourquoi il s'est trompé.** Reconnaître ses erreurs est fondamental. Le déni de l'échec empêche d'avancer. L'enfant qui pense : « ce n'est pas ma faute, c'est celle des autres » ne peut pas progresser. « D'après toi, pourquoi t'es-tu trompé ? Si c'était à refaire, que changerais-tu ? Que ferais-tu différemment ? »

À MÉDITER !

- Ceux qui commettent des erreurs lorsqu'ils sont jeunes apprennent beaucoup et forgent leur personnalité.
- **Nous n'avons pas tous la même capacité de rebond :** le regard aimant des parents aidera l'enfant à se relever rapidement.
- **Nous avons tendance** à vouloir nous relever tout de suite d'un échec. Parfois, il faut laisser un certain temps de « maturation ». Soyez patients.

J'étais en colère parce que...

L'enfant apprend par imitation, grâce aux neurones miroirs.

Nos gestes, nos comportements (c'est-à-dire notre communication « non verbale ») ont une influence sur ce que ressentent les autres.

Dans les années 90, l'équipe du neuroscientifique Giacomo Rizzolatti découvre que lorsqu'un singe observe un mouvement, il le reproduit dans son cerveau, sans pour autant accomplir ce mouvement. C'est ce qui explique le mimétisme et l'empathie. **Nous apprenons en observant le comportement des autres.**

SOYEZ UN MODÈLE POUR VOS ENFANTS

1. Extériorisez votre colère de façon « responsable ». Vous êtes humain et il est normal que vous ressentiez de la colère parce que vous ne vous êtes pas senti respecté/e ou qu'on a empiété sur votre territoire. Montrez-leur qu'il n'y a pas de honte à cela. Reconnaissez votre propre colère sans culpabiliser ou accuser votre enfant d'en être la cause.

2. Expliquez à votre enfant comment vous surmontez votre propre colère :

- « Je me suis dit « zut de zut » dans ma tête et j'ai pris trois grandes respirations pour me calmer.
- Puis, je me suis isolé/e, j'ai réfléchi à une solution à mon problème et j'ai décidé de... »

EXPRIMEZ VOS ÉMOTIONS !

N'hésitez pas à exprimer d'autres émotions telles que la tristesse, la peur, le dégoût ou la joie, selon la situation que vous vivez. **Votre enfant se familiarisera ainsi avec ses propres émotions et développera son intelligence émotionnelle.** Cela l'aidera à mieux comprendre les autres et à exprimer ses besoins de façon socialement adaptée.

Tu préfères des haricots verts ou de la purée ?

Anticipez les crises sans frustrer votre enfant.

Pour gagner en autonomie, les enfants ont souvent besoin de décider par eux-mêmes, de contrôler leur environnement. Il n'est pas toujours nécessaire de donner des ordres.

On peut tout simplement leur laisser l'impression que ce sont eux qui choisissent ! Et s'éviter bien des énervements inutiles !

Le principe ? Proposez à votre enfant des choix qui sont tous acceptables pour vous !

Dans quelles circonstances ? Dans un contexte donné, si votre enfant s'oppose systématiquement, il est temps de tester une nouvelle astuce !

LA TECHNIQUE DES CHOIX FONCTIONNE DANS DE NOMBREUSES SITUATIONS

- Préfères-tu un bain ou une douche ce soir ?

- Préfères-tu porter ton pull vert ou ton pull bleu ?
- Préfères-tu faire tes devoirs avant ou après ton goûter ?
- Préfères-tu mettre la table ou descendre la poubelle ?
- Préfères-tu manger ta soupe au début ou à la fin du repas ?
- Préfères-tu rester dix minutes supplémentaires au parc ou rentrer tout de suite pour avoir le temps de regarder un petit dessin animé ?
- Préfères-tu acheter les biscuits à la fraise ou au chocolat ?

UNE VRAIE ALTERNATIVE

Alors, on est bien d'accord, vous lui offrirez deux « vrais » choix. L'utilisation d'une certaine forme de menace ou de punition n'a rien à voir avec cette technique.

« Tu mets tes chaussures tout de suite ou je te punis ! » ne propose pas de choix !

LE MOT CLÉ

L'utilisation du mot « préférer » est très importante pour que votre enfant soit convaincu que c'est lui qui choisit !

Dessine ! Chante !

Quand votre enfant est calme, proposez-lui différents moyens d'extérioriser sa colère.

Le dessin est excellent pour se libérer de toute la pression accumulée, en exprimant et faisant ressortir sa colère : « La prochaine fois que tu seras en colère, tu la dessinera. » N'oubliez pas d'accuser réception : « Ton dessin montre clairement que tu n'es pas content/e ».

L'écriture. Votre enfant a « passé l'âge » de dessiner ? Proposez-lui d'écrire une lettre à la personne qui l'agace... sans la lui envoyer, bien sûr ! Défoulement garanti !

Le chant constitue aussi un exercice terriblement efficace pour évacuer les tensions : la voix et le son sont de l'énergie. Quand il chante, votre enfant peut évacuer son trop-plein d'énergie.

Bouge !

Le sport peut canaliser sa colère.

Le sport est excellent pour apprendre à canaliser ses émotions : il permet d'utiliser l'énergie de la colère pour apprendre à la restituer sans violence, en s'autocontrôlant. La colère devient un carburant et non plus un frein.

Optez de préférence pour une discipline à deux ou en groupe, car l'antidote à la colère est l'échange respectueux et la bienveillance. Le fair-play, en termes sportifs ! Autre ingrédient à privilégier : la maîtrise de la respiration, qui, lors des colères, a tendance à comprimer la cage thoracique et à s'accélérer. **Exemples :** judo, aïkido, yoga.

Changez d'endroit ! Un nouveau lieu favorise le changement de point de vue, au sens propre comme au sens figuré ! Pour désamorcez une colère, proposez à votre enfant de continuer la discussion dans une autre pièce ou de prendre l'air et marcher. Détente assurée !

Si tu ne gagnes pas ce match...

...tu seras déçu/e.

En préparant votre enfant **à l'éventualité d'une déception**, vous l'aiderez à atténuer sa colère.

Vous ne pouvez pas éviter à votre enfant d'être confronté à des situations d'échec ou de déception : c'est l'apprentissage de la vie. Ce que vous pouvez faire et qui va lui être utile toute sa vie, c'est l'aider à gérer sa déconvenue ou sa contrariété.

DITES, PAR EXEMPLE

- « Il est possible que ton copain/ ta copine ne puisse pas répondre à ton invitation. Peut-être que tu seras déçu(e). Qu'est-ce que tu pourrais faire alors ? »

- « Si tu ne gagnes pas ce match, tu seras déçu/e, qu'est-ce que tu pourrais faire ? »

AIDEZ VOTRE ENFANT À INTÉGRER LA POSSIBILITÉ DE L'ÉCHEC

Cela entraîne un double bénéfice :

- **en acceptant la possibilité de se tromper,** votre enfant est moins tendu, moins stressé et se donne donc plus de chances de réussite !
- **votre enfant comprend que l'échec est indispensable** pour apprendre. Cela l'incitera donc à relativiser.

Vous lui permettez aussi d'anticiper et d'utiliser tous les moyens à sa disposition pour atteindre ses objectifs. « Il est très important pour moi de gagner ce match, je préfèrerais éviter une défaite. Comment puis-je mettre toutes les chances de mon côté ? »

MON CONSEIL

Évitez de dire « Qu'est-ce qu'on pourrait faire alors ? » qui est moins responsabilisant que « Que pourrais-tu faire ? » En effet, c'est le problème de l'enfant et pas celui du parent.

ARRÊTE !!!

Keep calm and... keep calm !
Votre priorité : gérer vos propres émotions !

Avez-vous déjà remarqué que la colère est contagieuse ? Savez-vous pourquoi ? Tout simplement parce que les neurones de vos enfants sont stimulés quand les vôtres s'activent ! En bref, vos enfants développent leur apprentissage des émotions en observant les autres.

Des parents qui chérissent leurs enfants et font preuve de patience auront toutes les chances que leurs enfants soient calmes et empathiques avec les autres.

À l'inverse, les parents qui s'énervent souvent et facilement auront toutes les chances d'avoir des enfants colériques...

ÉVITEZ DE GÉRER UN PROBLÈME AVEC VOTRE ENFANT « À CHAUD »

Quand vous êtes vous-mêmes en colère, vous risquez de vous engager dans un dialogue de sourds car ni lui, ni vous, n'avez la sérénité, la prise de recul ou, la capacité de se mettre à la place de l'autre. Bref, tout ce qui vous est nécessaire pour gérer une situation calmement.

COMMENT FAIRE BAISSER LA PRESSION DE VOTRE CÔTÉ ?

Voici plusieurs pistes : choisissez celle qui vous convient le mieux !

- Solution 1 : **Isolez-vous quelques instants** dans une autre pièce : « Je sens que je vais m'énerver, je préfère m'isoler cinq minutes dans la cuisine. Nous en reparlerons après. »
- Solution 2 : **Prenez trois inspirations profondes** et lentes ou buvez un verre d'eau très lentement : c'est simple et très efficace pour retrouver un peu de sérénité.
- Solution 3 : **Vous avez récemment vu quelqu'un se mettre en colère** et il vous a semblé franchement ridicule ? Pensez très fort à cette personne : vous ne voulez pas lui ressembler, n'est-ce pas ?

Vous n'êtes pas un robot et, selon votre tempérament ou votre niveau de fatigue, il vous arrive certainement de sortir de vos gonds, c'est humain ! Ne culpabilisez pas pour si peu !

Calme-toi !

Ne te mets pas dans des états pareils !

« Il ne faut pas pleurer comme ça... » « Ce n'est pas si grave... » Bien sûr, vous pensez bien faire en cherchant à protéger et consoler votre enfant, en dédramatisant la situation. Pourtant votre enfant peut avoir le sentiment d'être pris en pitié, de n'être pas incité à l'autonomie et risque d'avoir une baisse d'estime de lui-même.

Et c'est encore pire si vous le faites en criant : comment voulez-vous qu'il se calme si vous êtes vous-même en train de crier ?!

Alors, que faire ? Utilisez l'écoute empathique, encore et toujours ! Par exemple, vous pouvez dire : « Raconte-moi ce qu'il s'est passé ».

Entraînez-vous au cercle vertueux de l'écoute :

- Plus vous écoutez votre enfant, plus vos échanges sont constructifs ;
- Plus vos relations sont riches et plus vous minimisez les conflits.

C'est bien... mais...

Bannissez le « mais » : il agit comme une gomme !

« **C'est bien que tu aies obtenu un 15 en français, mais tu as eu un 10 en maths !** » Votre enfant avait tant travaillé pour décrocher cette bonne note en français. Il n'attend qu'une chose : un encouragement de votre part, une reconnaissance des progrès accomplis !

Malheureusement, sans vous rendre compte de l'effet négatif de vos paroles, vous lui avez dit : **c'est bien... mais...** Pas de chance, ce petit « MAIS », insignifiant en apparence, annule tout ce que vous avez dit en début de phrase.

Remplacez MAIS par ET ou MAINTENANT. Reprenons l'exemple des notes. Voici ce que vous auriez pu lui dire : « **Bravo, c'est très bien que tu aies obtenu un 15 en français. Et si on parlait maintenant de ton 10 en maths : que peux-tu faire pour progresser ?** »

À mon avis, tu ferais mieux de...

Astuces pour éviter de tomber dans les situations pièges où l'on n'écoute pas vraiment !

Le psychologue américain Elias Hull Porter a répertorié différentes attitudes où l'on a l'impression d'écouter, mais où l'on n'écoute pas vraiment... Imaginez toutes les crises et malentendus qui pourraient être évités si l'on ne tombait jamais dans ces « situations pièges ».

L'ÉCOUTE JUGEMENT

« Tu ferais mieux de... C'est nul. C'est bien. À mon avis... » Attention ! Que ce soit positif ou négatif, **c'est la même chose !** Vous êtes en train de porter un jugement ! Vous n'écoutez pas vraiment votre enfant !

• **Votre enfant risque de se sentir dévalorisé,** d'avoir une attitude défensive ou soumise, d'avoir besoin de se justifier, de culpabiliser.

L'ÉCOUTE AUTORITAIRE

« Il faut… Tu dois… Je te suggère… Il faut que… À ta place… » Vous ne seriez pas en train de donner des ordres ?

• **Votre enfant risque de s'opposer,** de devenir agressif.

UTILISEZ L'ÉCOUTE EMPATHIQUE, BIEN SÛR !

« Si je te comprends bien… D'après toi… » La règle d'or de cette écoute est « J'accepte l'autre tel qu'il est. »

• **Avantages pour votre enfant :** il aura le sentiment d'être compris, respecté et une meilleure confiance en lui.

MON CONSEIL

• Efforcez-vous d'abord d'écouter, puis exprimez votre point de vue. Pour être « intéressant », montrez-vous « intéressé » !

• Chercher d'abord à comprendre votre enfant aura pour effet « d'ouvrir » ses oreilles. Il sera dans de meilleures dispositions pour vous écouter en retour.

Laisse-moi finir !

L'enfant agressif redoute que l'on cherche à le dominer.

Utilisée couramment dans la vie quotidienne, la phrase « Laisse-moi finir ! » est un « coupeur de parole ». **C'est assez impoli et irrespectueux vis-à-vis de son interlocuteur**, quand on y réfléchit bien... Couper la parole à son enfant générera chez lui un sentiment de frustration qui peut rapidement laisser place à la colère.

EXPLOSION GARANTIE

Selon sa sensibilité et son caractère, il va retourner sa colère contre vous et exploser.

Rappelez-vous que l'enfant en colère est en état de lutte. Si vous l'interrompez avec cette phrase en apparence anodine : « Tais-toi, laisse-moi finir, je parle ! » c'est l'explosion garantie !

1. Il va redoubler de colère. En effet, votre enfant fera tout pour vous empêcher de le dominer ou de prendre le dessus sur la conversation de façon trop évidente.

2. Retourner sa colère contre lui et culpabiliser, au risque de se mépriser « Je n'aurais jamais dû dire ça »; « De toutes façons, je ne peux jamais dire ce que je pense », « Papa/Maman se fâche encore : je suis vraiment trop bête et je n'intéresse personne »; « Mon avis ne compte pas. »

Dans les deux cas, le résultat est très négatif pour votre enfant.

MON CONSEIL

Alors, pourquoi ne pas écouter votre enfant quand il a quelque chose à vous dire ? Ou tout simplement remplacer l'agressivité de « Laisse-moi finir !» par un poli « Laisse- moi finir, s'il te plait », à prononcer, bien sûr, de façon calme et sans agressivité.

T'es vraiment nul !

Tout ce que vous faites, tout ce que vous dites est important. Évitez les paroles dévalorisantes : elles sont très négatives pour l'enfant.

À NE PAS FAIRE

- Élever la voix, voire crier.
- L'intimider ou le menacer : « Attention à toi : si tu continues, je vais en parler à papa/maman ce soir. »
- L'humilier ou le ridiculiser : « Puisque tu manges comme un bébé, je vais te donner un biberon. Puisque tu te comportes comme un gamin, je vais te ramener à la crèche. »
- Le punir, l'isoler ou le rejeter : « Comme tu n'arrives pas à rester calme, tu quittes la table et tu restes tout seul dans le couloir. »
- Le mépriser ou le juger : «T'es bête ou quoi ? T'es vraiment nul ! »
- Le dévaloriser, le critiquer, lui dire qu'il est un enfant « méchant », « vilain », « pas gentil », « capricieux ».
- Lui couper la parole : « Tais-toi, laisse-moi finir ! »

PROVERBE CHINOIS

Rappelez-vous ces mots, qui pourraient venir de votre enfant (inspirés d'un proverbe chinois) :

« **Aime-moi lorsque je le mérite le moins, c'est alors que j'en ai le plus besoin.** *Car quand je me mets en colère sans raison, quand je fais des bêtises ou commet des erreurs, c'est que quelque chose en moi ne va pas bien ou que je me sens seul. C'est à ce moment-là que j'ai le plus besoin de ton amour et de ton soutien. C'est à ce moment-là que j'ai besoin que tu me prennes dans tes bras et que tu me comprennes.* »

MON AVIS

Si l'on va vers les autres le cœur plein d'agressivité, ils nous répondent par leur violence. Mais si l'on va vers les autres avec confiance, ils y répondent comme en écho. Le regard qu'on porte sur eux les modifie. L'amour engendre l'amour et la haine, la haine.

Bibliographie

Livres pour les parents

• Brigitte Durruty et Catherine Schwennicke, *Parents Zen*, Éditions de l'Homme, 2014.
• Haim G. Ginott, *Entre Parent et Enfant*, Éditions L'Atelier des enfants, 2013.
•Catherine Gueguen, *Pour une enfance heureuse*, Pocket, 2015.

Sites internet

www.neurocognitivisme.fr
www.atelierdesparents.fr
www.nvc-europe.org

Biographie de l'auteur

Mère de trois enfants, **Nina Bataille** est coach et conférencière. Elle accompagne les parents en leur proposant un soutien et des solutions originales pour des changements durables. Les parents acquièrent ainsi des clés de communication efficaces et bienveillantes pour renforcer les liens en famille et gagner en sérénité.
Elle a fondé l'agence Human Intelligence, société membre de l'Observatoire de la parentalité en entreprise et organisme de formation.

Les 50 règles d'or
des devoirs
à la maison
Pour aider votre enfant à réussir
Clémence
Roux de Luze
LES MINI LAROUSSE

Les 50 phrases
à dire ou ne pas dire
à son enfant
Natacha Deery
Lisa Letessier
LES MINI LAROUSSE

Les 50 règles d'or des
relations parents-enfants
Christiane de Beaurepaire
LES MINI LAROUSSE

Les 50 règles d'or pour
se faire obéir sans s'énerver
Dr Gilles-Marie Valet
LES MINI LAROUSSE

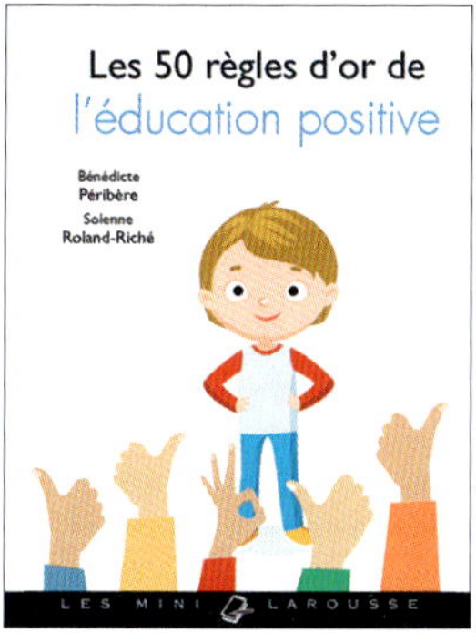
Les 50 règles d'or de
l'éducation positive
Bénédicte Péribère
Solenne Roland-Riché
LES MINI LAROUSSE